Wolfgang Endres u.a.

Mehr Erfolg beim Lernen

Die Reihe Beltz Lern-Trainer
wird herausgegeben von Wolfgang Endres

Norbert Eickmann / Wolfgang Endres / Heinrich Janak

Mehr Erfolg beim Lernen

7 Tritte in den Hintern der Faulheit

9–13 Jahre

Beltz Verlag · Weinheim und Basel

Über die Autoren:

Norbert Eickmann,
Schulberater im Schulservice der Stadtsparkasse Köln.

Wolfgang Endres,
Pädagoge, Referent in der Lehrerfortbildung,
leitet seit 1973 das Studienhaus St. Blasien.

Heinrich Janak,
Studiendirektor am Goethe-Gymnasium Gaggenau.

Lektorat: Peter E. Kalb

2., neu ausgestattete Auflage 2007

www.beltz.de
Druck: Druck Partner Rübelmann, Hemsbach
Umschlaggestaltung: glas ag, Seeheim-Jugenheim
Gestaltung und Illustrationen: Bernhard Zerwann, Bad Dürkheim
Printed in Germany

ISBN 978-3-407-38512-3

Inhalt

Aller Anfang ist leicht,
wenn ich es richtig anpacke!

Die 7-Punkte-Konzeption

Auf ein Wort an die Eltern

Wissen ist krisenfest, ständiges Lernen eine Notwendigkeit. Lernen ein lebensnotwendiger und lebenslanger Prozess. Sehr weise! Und wann fängt man am besten damit an? Wann lernt man eigentlich das Lernen? Auf dem Gymnasium, der Universität oder im Beruf?

1 **Lernvoraussetzungen: Planen und Ordnen**

Wir meinen, dass sich bereits das Kind in der Grundschule Lerngewohnheiten aneignet, die entweder die Basis für methodisches Lernen bilden oder dieses verhindern. Wichtige Lernvoraussetzungen wie Planen und Ordnen sind nicht erst Aufgaben oberer Klassenstufen. Daher wollen wir mit diesem Buch Schülerinnen und Schüler ab 9 Jahren erreichen. Wir möchten sie dazu bringen, Lernprobleme mit Hilfe einfacher Arbeitstechniken besser lösen zu können.

2 **Lernziel: Selbstständigkeit**

Unser besonderes Anliegen heißt Hinführen zur Selbstständigkeit. Daher schielen wir hier nicht von vorneherein auf die Mithilfe der Eltern. Im Gegenteil: Sie sollten sich bei den Übungen bewusst zurück halten.

3 **Hausaufgabeneinteilung und Klassenarbeitsvorbereitung**

Ihr Kind muss selbst erfahren, wie es am besten lernt. Ob es Probleme mit der Hausaufgabeneinteilung oder Klassenarbeitsvorbereitung hat, ob es gegen Konzentrationsschwierigkeiten oder Prüfungsangst kämpfen muss oder ob es als stinkfaul gilt.

4 **Lerntraining: Konzentration und Intelligenz**

Kann ein Buch solchen Ansprüchen gerecht werden? – Wir denken ja. Das beginnt damit, dass wir die Trainingselemente zur Steigerung der Konzentration, Kondition, Intelligenz, Kreativität, des logisch-analytischen Denkens und des mathematischen Vorstellungsvermögens nicht als abstrakte Lerneinheiten in abstrakten Funktionen anbieten, sondern mit konkreten Problemlösungsstrategien an den Interessen und der Vorstellungskraft des Kindes anknüpfen.

Lernstrategien und -techniken: Der Blick für das Wesentliche

5

So kann sich der Schüler z.B. in Kurzkrimis als Detektiv betätigen, der Rechtschreib-, Grammatik- oder Rechenfehler aufspüren soll. Hierbei dienen ihm Telefonbuchseiten, Stadt- und Fahrpläne als unauffällige Hilfsmittel, die ein Analysieren genauso ermöglichen wie ein Strukturieren der einzelnen Lösungsschritte. Der Schüler lernt Wichtiges von Unwichtigem zu trennen, Abstraktes in Konkretes umzusetzen und umgekehrt.

Lernmotivation: Stärken- statt Schwächenanalyse

6

Das aktivierende Lernen am Erfolg, die Hinführung zur Stärkenanalyse, stehen im Vordergrund. So zeigen Pfiffix, die pfiffige Maus oder Kniffix, der gar nicht dumme Kater, in Detektiv- und Spukgeschichten, Comics, Rätseln oder Denksportaufgaben den Übergang vom spannenden außerschulischen Lernen zum häufig trockeneren schulischen Lernen.

Lernerfolg: Praxiserprobte Konzeption

7

In zahlreichen Kursen und Seminaren haben wir beobachtet und Erfahrungen gesammelt, wie selbstständig und systematisch Kinder arbeiten können, wenn man sie nur lässt, d.h. wenn man sie vorher richtig dazu anleitet.

Wir danken den vielen, vielen kleinen Autoren für ihre Hilfe und schließen uns Pfiffix und Kniffix an: »Erfolg ist lernbar!«

Diese Erfahrung wünschen wir auch Ihrem Kind. Helfen Sie mit, indem Sie weniger mithelfen!

In Siebenmeilenstiefeln über Lernhindernisse

Oder: Wie du dieses Buch benutzen sollst

»In der Klasse
müssen wir mal ordentlich sieben!«

Falls ein Lehrer mit solchen Sprüchen seinem Zorn über faule Schüler Luft macht, meint er mit diesem »Sieben« ganz bestimmt nicht die Zahl Sieben, die so voller Geheimnisse steckt.

Wieso geheimnisvoll, wirst du fragen. Nun, dieses Buch enthält ein besonderes Geheimnis der 7.

Es gehört zwar nicht zu den 7 Weltwundern; es bringt dich auch nicht in den 7. Himmel; bei den Hausaufgaben wirst du nicht 7 auf einen Streich erledigen können; es wird auch nicht alle Siebenschläfer aufwecken; es ist kein Märchenbuch mit 7 Geißlein oder 7 Zwergen, sondern es zeigt dir in 3 x 7 Etappen, wie du schneller in Sieben-

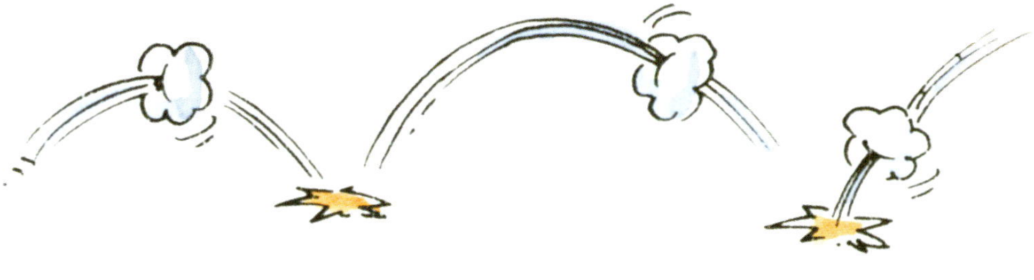

meilenstiefeln über alle 7 Berge zum Spielen oder zu deinen Freunden kommst. Natürlich brauchst du schon etwas Geduld, auch Rom (auf 7 Hügeln) wurde nicht in 7 Tagen erbaut.

Ein Buch, bei dem man nicht richtig durchblickt, nennt man ein »Buch mit 7 Siegeln«.

Dieses Buch aber will dir 7 Schlüssel geben, mit denen du an jedem Tag der Woche (schon wieder 7-mal!) die Türe zum Erfolg aufschließen kannst.
Und da du nicht an 7 Tagen Hausaufgaben machen sollst, geht es auch um andere wichtige Dinge wie Spielen, Sport und Freizeit.

Es wäre toll,
wenn dieses Buch
ab jetzt zu deinen
SIEBENSACHEN gehört.
Wie dieses Buch aufgebaut ist
und wie du mit diesem Buch
am besten arbeitest,
sagen dir folgende
7 Punkte:

7 Schlüssel zum Öffnen dieses Buches:

1.

Zu jeder Etappe gehören eine spannende oder lustige Geschichte, 7 Merksätze, die das Wichtigste zusammenfassen, und meistens eine Konzentrationsübung.

2.

Arbeite an einem Tag höchstens eine Etappe durch. Du kannst eine Etappe aber auch über mehrere Tage verteilen.

3.

Das Buch ist kein Pflichtprogramm. Wenn du keine Lust hast, in diesem Buch zu arbeiten, lass es ruhig ein paar Tage liegen.

4.

Wenn du es aber geschafft hast, male vorne im Inhaltsverzeichnis einen dicken Erfolgspunkt vor die Nummer der gemeisterten Etappe. So eroberst du dir Punkt für Punkt deine ganz persönliche Siegerurkunde.

5.

Wenn du einen besonders guten Satz in diesem Buch entdeckst, male ihn mit dicken Filzschreibern auf einen großen Zettel und hänge ihn als Lernplakat an deinen Arbeitsplatz. Wie wär's mit diesem Spruch: »Aller Anfang ist leicht, wenn ich es richtig anpacke!«

6.

Bevor du mit den Hausaufgaben beginnst, kannst du dich mit einer Konzentrationsübung »warm laufen«. Am besten legst du dir eine kleine Sammlung von Rätseln und Denksportaufgaben an (Kinderseite von Wochenendbeilagen eurer Zeitung, Rätselzeitschrift für Kinder).

Wenn du jeden Tag fünf Minuten für eine kleine Konzentrationsübung opferst, gewinnst du mindestens 10 Minuten Freizeit, weil du deine Hausaufgaben dann konzentrierter und schneller schaffst.

7.

Schließlich möchten dich zwei Freunde auf deinem Lernweg durch dieses Buch begleiten: Pfiffix, die pfiffige Maus und Kniffix, der gar nicht dumme Kater.

Das Fahnen-Rätsel

Finde **sechs Wörter**
mit jeweils
sechs Buchstaben
und trage sie waagrecht in die Fahne ein (Ä = 1 Buchstabe).

Wenn du alles richtig ausgefüllt hast, so ergeben die dick umrandeten Felder die Bezeichnung für deinen täglichen Arbeitsplatz …

Nur die folgenden Buchstaben darfst du verwenden:

AAAA Ä B
C EEEEEE F
G HH II
LLLL M
NNN P R
SSS TTT U

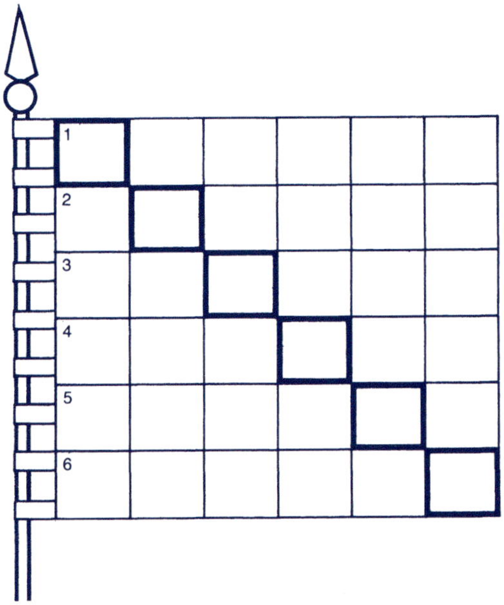

Die Wörter:

1. Mädchenname

2. Gefäß, in das man z.B. Obst legt

3. Monatslohn eines Angestellten

4. Erlebnisse im Schlaf

5. ein anderes Wort für Ruhe

6. Haushaltsgerät zum Braten

Lösung:
1. Sabine
2. Schale
3. Gehalt
4. Träume
5. Stille
6. Pfanne

Lösungswort:
Schule

Ich bin gut,
auch wenn ich´s
in der Schule
nicht bin.

SOS – ich hänge fest

Oder: Schritt für Schritt zum Anfangserfolg

»Mayday, Mayday …«
Augenblicklich herrschte Totenstille im Kontrollturm, als dieser Funkspruch über den Lautsprecher kam.

»Mayday, Mayday …«,
der Funkspruch für ein Flugzeug in höchster Not. Alle, die den Funkspruch hörten, hielten den Atem an, bereit, sofort zu helfen, den Kurs zu ändern, alles zu tun, um eine Katastrophe zu verhindern, Menschenleben zu retten.

»Mayday, Mayday …«
Bill Bradley, an dessen Kontrolltisch der Funkspruch zuerst gehört wurde, standen die Schweißperlen auf der Stirn. Der übrige Funkverkehr ruhte. Der Chef vom Dienst war in den Kontrollraum gekommen und hatte die Leitung übernommen.

»Mayday, Mayday …«
Was war los?

»May…«

Die Funkverbindung war äußerst schlecht. »Funkbrücken«, war die knappe Anweisung des Chefs. »Stehen«, die kurze Antwort.

»Instrumente ausgefallen, Navigation nicht mehr möglich.«

Die Stimme aus dem Lautsprecher klang angespannt, aber ruhig. Wieder war die Funkverbindung unterbrochen und nur Rauschen war zu hören. »Verliere an Höhe; versuche Notlandung. Position …« Stille. Nur das Krachen und Knacken des Lautsprechers waren zu hören. Bill Bradley fluchte wild, der Chef kaute nervös an seiner Pfeife. Alle hatten noch das »Mayday, Mayday …« im Ohr.

»Da stöhnt jemand.«

Ich kann es ganz deutlich über Kopfhörer hören«, rief Rad. »Filtern«, gab der Chef als Anweisung. Von den Nachbartischen hörte man die dauernde Aufforderung: »Bitte melden, bitte antworten Sie! Flugzeuge im Einzugsbereich bitte Beobachtungen an Tower!« Das Stöhnen war jetzt ganz deutlich zu vernehmen.

»Verdammt, warum nimmt der nicht sein Mikro…«

»Hoffentlich gibt er bald die Position durch«, meinte Brad. »Wenn er noch kann«, sagte ein anderer. Eisiges Schweigen herrschte im Raum. Ein Pilot ist so lange als lebend zu betrachten, bis man ihn gefunden hat, das ist ungeschriebenes Gesetz.

»Überprüfung sämtlicher in unserem Luftraum befindlichen Maschinen, feststellen, welche Maschine überfällig ist. Suchflugzeug startklar machen.« Viel Zeit war nicht mehr; in drei Stunden würde es dunkel sein, tiefe dunkle afrikanische Nacht mit all den Gefahren, die die Wildnis mit sich bringt. Nach einer knappen Stunde wusste man, dass das Flugzeug David Toffle gehörte, dem Sohn eines Zuckerrohrfarmers.

Gestartet war es etwa 200 Meilen nördlich des Kontrollturms.

Der Chef hatte die Unterlagen über David Toffle vor sich liegen: David Toffle, 17 Jahre, Hobby: Fliegerei und Klavierspielen. Ausgezeichneter Schüler und Schwimmer. Schule: Hilton College. Teil-

nahme an mehreren Abenteuerkursen. Hat sich in Stresssituationen bewährt, handelt klug und umsichtig,

keinerlei Tendenz zu Panikreaktionen.

»Hoffentlich stimmt wenigstens ein Teil dessen, was da steht«, brummte der Chef. David war gestartet, um einem Farmnachbarn Saatgut zu bringen. Notfallausrüstung, Wasservorrat, Arztkoffer und Fallschirm waren an Bord. David stöhnte. Benommen schaute er um sich; es dauerte einige Minuten, bis er wieder wusste, was geschehen war. Langsam versuchte er sich zu bewegen.

»Au«,

brüllte er auf. Ein wilder Schmerz in seinem rechten Ellenbogen. »Er hat ›Au‹ geschrieen.« Bill Bradley im Kontrollturm war außer sich. »Wer so ›Au‹ schreien kann, der überlebt auch.« Benommen versuchte David, aus seiner Maschine zu steigen. Er war zwischen zwei Bäume gerast, das Fahrwerk war abgeknickt. Die Maschine bot einen traurigen Anblick, wie sie so am Baum lehnte.

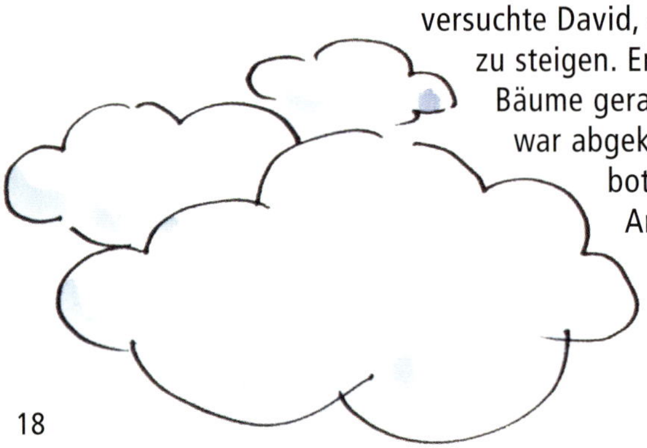

An Weiterfliegen war sowieso nicht zu denken. Seinen linken Arm stützend, marschierte David los. Ohne Ziel, ohne irgendetwas mitzunehmen, ohne zu überlegen, einfach nur weg von hier, weg …

»Hoffentlich bleibt er beim Flugzeug und marschiert nicht los.« Bill schaute düster drein, die Geräusche im Lautsprecher verhießen nichts Gutes. Die Nächte im südafrikanischen Busch sind gefährlich, nachts wird es kalt, und die Gefahr lauert überall, wenn man sich nicht vorsieht. David war zur Maschine zurückgekommen. Die Hitze und die Schmerzen hatten ihn zum Flugzeug zurückgeführt. Erst jetzt, wo er an der Maschine lehnte, bemerkte er, dass sein Bein blutig war. David sank in sich zusammen.

»Die Maschine hat einen Radius von rund 300 Meilen. Hier ist der Ausgangspunkt. Das ist also das größte Zielgebiet. Da wir ja wissen, wohin er wollte, kön-

nen wir diesen Radius verkleinern, denn sicherlich ist er zunächst den Fluss entlanggeflogen, bevor er nach Instrumenten weitergeflogen ist.« Die anderen pflichteten dem Chef bei.

»Suchmannschaften starten.«

Als David wieder zu sich kam, spürte er die frische Abendluft. Bald würde es dunkel sein. David war heiß, und er hatte Durst. Mit seiner rechten Hand machte er den Wasserkanister auf, goss sich das Wasser über die Haare und trank.

»Mist«,

meinte er, »alles, was ich bis jetzt gemacht habe, war falsch.

Ich muss zunächst meine Gedanken ordnen.«

Zuerst nahm er den Arztkoffer und schiente seinen linken Arm. Die Tränen kullerten ihm dabei herunter, zweimal war er für einige Momente vor Schmerzen bewusstlos. Die Wunde am Bein sah schlimm aus. Aber jetzt ging es schon etwas besser, und David rüstete sich für die Nacht. Er konnte zwar in der Maschine schlafen, aber gegen Elefanten und Nashörner bot diese keinen ausreichenden Schutz. »Glück muss der Mensch haben«, grinste er schon wieder. Von der Tragfläche aus warf er eine Strickleiter, die zur Notausrüstung gehörte, über einen Ast. Er probierte den festen Halt. Die Pistole mit den Notsignalen steckte er sich in den Hosenbund.

David begann für ein Feuer Holz zu sammeln; Feuer bietet doch wenigstens einen geringen Schutz gegen die Tiere, meinte er. David kannte sich im Busch aus. Er wusste, dass nichts trügerischer war als die Ruhe. Nachts konnte sich ein Raubtier nähern, ohne dass ein Zweig knackte …

»Suchtrupps zurück;

keinerlei Zeichen einer abgestürzten Maschine.« Morgen würden sie weitersuchen. Das Feuer knisterte leise. David schaute in den Himmel, erkannte das Kreuz des Südens. Morgen würde er systematisch vorgehen. Lebensmittel hatte er für mindestens vier Tage, schlecht sah es mit Wasser aus, aber er musste sich eben zusammenreißen. David fieberte, bei jedem Geräusch fuhr er zusammen. Gegen Morgen hatte ihn die Müdigkeit übermannt, er schlief tief und fest. Als David am nächsten Mittag aufwachte, nahm er als Erstes seinen Fallschirm und breitete ihn auf einer nahe gelegenen Lichtung aus.

Der Fallschirm war knallrot,

mit Blättern legte er SOS

darauf. Suchflugzeuge mussten das sehen.

»Chef, ein Amateurfunker am Telefon, er hat einen Funkspruch aufgefangen; könnte von David sein.« Im Kontrollturm hatte man an diesem Morgen mitbekommen, wie David die Frequenz an seinem Funkgerät veränderte, seitdem war nichts mehr zu hören gewesen. »Mit dieser Beschreibung des Geländes findet das nur Jack.« Jack war erster Wildhüter im Reservat und kannte sich im Busch besser aus als in seiner Westentasche.

»Tja«, meinte Jack, »da kommen zwei oder drei Stellen in Frage, mehr glaube ich aber nicht.« »Wir fliegen«, meinte der Chef, der es jetzt nicht mehr in seinem Büro aushielt.

»Noch für dreißig Minuten Sprit, dann müssen wir umkehren«. »Wir sind gleich da«, brüllte Jack. »Da, da unten das Rote.« Sie hatten Davids ausgebreiteten Fallschirm gesehen.

»Das muss er sein.« »Los, runter.« »Hier können wir mit der Maschine nicht landen. Wir müssen mit Landrovern herfahren.« Sie überflogen die Stelle einige Male im Tiefflug, wackelten mit den Flügeln.

Aber von David keine Spur.

Der Chef gab einen Funkspruch durch. Fünf Minuten später waren drei Land-

rover mit Dr. Jackson unterwegs. Wenn alles gut ging, konnten sie in drei Stunden bei der Absturzstelle sein. Dass das alles klappte, war Bill Bradleys Verdienst. Er hatte immer an seiner Pinnwand die nötigen Adressen der Leute, die er im

Notfall

erreichen musste. Jetzt hatte sich sein System, das mancher belächelt hatte, bewährt.

»Mensch, ist das nicht toll«, meint Pfiffix, »jetzt ist unser David ja richtig berühmt.« Kniffix wackelt mit den Ohren, kratzt sich und meint: »Ich weiß nicht. Ich glaube, er selbst denkt anders darüber, was schreibt er da noch in seinem Brief?«

»Aufgewacht bin ich erst wieder im Krankenhaus.

Dr. Jackson hat mir dann alles erzählt, wie sie mich gefunden haben. Die Zeitungen waren voll von der Geschichte. Wie kühl und umsichtig ich reagiert hätte, schreiben sie. Aber das ist nicht richtig.

Am Anfang habe ich alles falsch gemacht, was man falsch machen kann. Dann aber habe ich mich an meine Ausbildung erinnert, wisst ihr noch, an die AG "Lernen lernen". Ich habe das gemacht, was sie mir da beigebracht haben. Tja, sonst wäre ich wohl nicht hier im Krankenhaus, vielleicht hätte mich ein Löwe verspeist.«

»Schrecklicher Gedanke«, meint Pfiffix und zittert dabei richtig. »Ich glaub, ich brauch jetzt ein Knusperchen für meine Nerven.« Kniffix hat dagegen nichts einzuwenden, und so trotten sie gemeinsam in die Küche.

7 Sprossen auf der Hausaufgabenleiter

1.

Suche nach deinen Stärken, nicht nach deinen Schwächen (was kann ich gut, was noch nicht so gut?).

2.

Beginne bei den Hausaufgaben mit dem, was du kannst (nicht mit dem, was du noch nicht kannst).

3.

Fange stets mit etwas Leichtem an.

4.

Teile deine Aufgaben in kleine (überschaubare) Portionen ein.

5.

Benutze die Pinnwand als Lernhilfe. (Erinnerst du dich, wie der Fluglotse sie als Arbeitshilfe eingesetzt hat?)

6.

Freue dich nach jeder erledigten Aufgabe über den Erfolg. Belohne dich mit einer kleinen Pause, ehe du etwas Neues beginnst.

7.

Mit einer Konzentrationsübung am Anfang gelingen Hausaufgaben besser (z.B. das Knobelspiel auf Seite 24).

Ein Knobelspiel als Konzentrationsübung

Atem
Bandit
Du
Eber
Erde
Ei
Es
Er
Geld
Gong
Hund
Karte
Katze
Kuli
Last
Sahne
Sieg
Tag
Tal
Tisch
Weg
Wo

Die links aufgeführten Wörter sind in dem Quadrat unten versteckt. Nimm bitte einen Stift und rahme die Wörter dort ein, anschließend streiche die oberen Wörter durch. Zwei Wörter haben wir schon gefunden und eingerahmt.

E	R	D	E	D	E	B	E	R
S	L	E	I	U	G	E	L	D
A	A	G	A	T	E	M	T	B
H	S	O	W	T	A	L	I	A
N	T	N	O	W	E	G	S	N
E	K	G	H	U	N	D	C	D
T	U	K	A	T	Z	E	H	I
A	L	S	I	E	G	E	R	T
G	I	E	S	K	A	R	T	E

Ich habe keine Lust

Einen großen Brocken
suchte ich mir aus –
puh, wie gerate ich
ins Schwitzen!
Daran beiße ich mir
fast die Zähne aus
und er bleibt auf seinem
faulen Pelze sitzen.

Als Elefant
mit meiner Stärke
kann ich nichts
erreichen hier.
Wie gehe ich nur anders
an das Werke,
zu bewegen dieses
faule Tier?

Oha, was entdecken
meine Elefantenaugen?
Schaffe ich es wohl
auf diese Weise?
Oftmals sollen Kleine
sehr viel taugen!
Komm mal her,
du fleißige Ameise!

Oder: Wie du die Faulheit besiegen kannst

Mein kleiner Freund,
ich habe hier Probleme:
Sieh dir mal an
dies faule Vieh!
Meine Kräfte reichen nicht;
wie ich mich schäme.
Was tun?
Allein schaffe ich das nie!

»Mit Gewalt ist da wohl
nichts zu machen«,
spricht die Kleine
ganz entzückt.
»Das faule Vieh wird
schon erwachen
Wetten dass?« – »Au, was
hat mich da gezwickt?«

»Höchste Zeit, oje!«,
murmelt das Flusspferd leise,
»meine Freunde warten
schon am Strand.«
Und stolz triumphiert
die winzige Ameise:
»Manchmal bin ich stärker
als ein Elefant«!

7 Tritte in den Hintern der Faulheit

1.

Versuche nichts mit Kraft und Gewalt.

2.

Nimm dir nicht zu viel auf einmal vor.

3.

Sage nie, das kann ich nicht!

4.

Wer sich nichts zutraut, schafft auch nichts. (Meist kannst du mehr, als du glaubst.)

5.

Wenn du kleine Aufgaben richtig anpackst, brauchst du vor dicken Brocken keine Angst zu haben.

6.

Eine kleine Aufgabe ganz zu erledigen bringt mehr, als fünf halb fertig liegen zu lassen.

7.

Manchmal erreicht eine Ameise mehr als ein Elefant.

Die aufregende Jagd nach dem entführten Fahrrad

Früh um sieben klingelt bei Pfiffix das Telefon. Verschlafen reibt er sich die Augen: »Was soll denn das? In aller Frühe das Gebimmel. Ja, hier Pfiffix!?«

Auf der anderen Seite ertönt nur ein lautes Lachen, dann meldet sich eine Jungenstimme: »Na, du Superdetektiv, haben wir dich aus deinem Bettchen geläutet? Hast du schon gehört, was gestern Abend passiert ist?« Damit ist das Gespräch zu Ende.

»Hallo, wer spricht denn da? Was ist passiert, was soll ich gehört haben?«, fragte er in den Hörer, aber er bekommt keine Antwort mehr. Wütend knallt er den Hörer auf die Gabel. »Blödes Volk«, murmelt er und will zurück ins Bett. Da läutet es wieder. »Jetzt langt's mir aber«, knurrt er.

»Hier Pfiffix«, brüllt er wütend in die Muschel. »Was ist denn nun schon wieder?« Am anderen Ende vernimmt er ein herzerweichendes Schluchzen, und erst nach einiger Zeit kommt eine helle Mädchenstimme: »Hier ist Nadine, und neben mir steht mein kleiner Bruder Jan. Du … du erinnerst dich noch an uns? Wir haben uns vor ein paar Tagen in der Stadtbücherei kennen gelernt.«

»Ja«, unterbricht Pfiffix, »ich erinnere mich noch genau. Aber was ist denn passiert, warum weinst du denn so fürchterlich?«

»Weißt du, Pfiffix,

uns ist etwas Schlimmes passiert«, meldet sich Nadine wieder. »Wir haben gestern Abend vergessen, unser Fahrrad in den Keller zu stellen. Und als ich heute Morgen nachschaute, ob das Rad noch vor der Tür steht, finde ich auf dem Gehweg nur noch eine Kreidezeichnung. Irgendwer hat mit roter Kreide ein Fahrrad auf die Steine gemalt und dazu geschrieben: ›Nun sucht mal schön‹, und jetzt weiß ich gar nicht, was wir machen sollen. Und da fiel mir ein, dass du und dein Freund Kniffix, dass ihr uns vielleicht helfen könnt. Bitte, bitte, Jan hat das Rad doch erst letzte Woche zum Geburtstag geschenkt bekommen.«

»Na, ihr seid vielleicht zwei Helden«,

meint Pfiffix. »Aber gut, lass uns mal überlegen. Hast du sonst noch etwas bemerkt? Ich meine, ist dir noch etwas aufgefallen? Nicht? – Gar nichts? – Na ja, dann will ich mal meinen Verstand einschalten. Vielleicht fällt mir etwas ein. Ich melde mich dann wieder. Also, bis

Oder: Wie du schwierige Aufgaben lösen kannst

dann.« Gleich darauf ruft er Kniffix an. Erst nach dem sechsten Läuten meldet sich dieser. »Wo steckst du denn nur, warst du etwa in der Badewanne? Du solltest nicht zu oft baden, davon wird die Haut so dünn«, versucht er zu scherzen. Aber Kniffix ist nicht zu Witzen aufgelegt.

»Du Scherzkeks«,

brummt er, »ich habe mir gestern Abend den linken Fuß verstaucht und kann nur zum Telefon humpeln. Aber gut, dass du anrufst, ich habe vorhin einen Eilbrief bekommen. Hör mal zu: ›Ha ha ha‹, steht hier, ›alles Gute und viel Glück bei der Suche! Die Radlerclique.‹ Und dann ist noch ein Zettel beigelegt, der sieht aus wie ein Dreieck. Aber was da draufsteht, kann ich dir am Telefon nicht sagen, du müsstest schon herkommen und dir das anschauen. Wann hast du Zeit?« – »Ich bin schon unterwegs. Vermute, die Burschen haben das Rad in einem anderen Stadtteil versteckt, jedenfalls ist das ihre Masche. Vielleicht kannst du dich inzwischen mal ausführlich mit dem ›Dreieck‹ beschäftigen, möglicherweise hilft uns das ein bisschen weiter.« – Und schon saust er los.

Unten an der Tür schaut er noch schnell in seinen Briefkasten. Die meiste Post bekam er inzwischen zwar per E-Mail, aber besonders interessante Briefe und Päckchen landeten immer noch in seinem Briefkasten. Verwundert zieht er einen Brief hervor. In dicker roter Schrift fällt ihm sofort der Absender auf: »Die Radlerclique«, sonst nichts. Er stopft den Brief in die Tasche und rast zu Kniffix und zeigt ihm seinen Brief: »Du, das Ding hier sieht aus wie ein verunglücktes Dreieck. Ob die beiden Dinger zusammenpassen? Das wäre zu schön«. »Natürlich nicht, so doof ist der rote

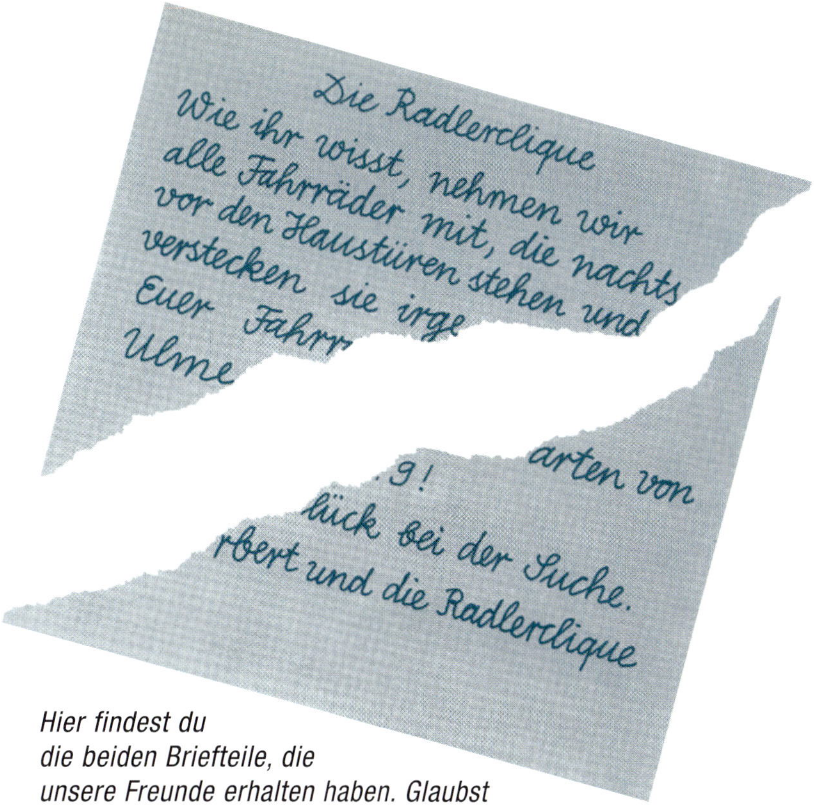
Die Radlerclique
Wie ihr wisst, nehmen wir
alle Fahrräder mit, die nachts
vor den Haustüren stehen und
verstecken sie irge
Euer Fahrr
Ulme
arten von
.9!
lück bei der Suche.
rbert und die Radlerclique

Hier findest du die beiden Briefteile, die unsere Freunde erhalten haben. Glaubst du, dass du damit etwas anfangen kannst? Ja? – Wenn nicht, lies weiter, wie unsere Freunde vorgehen.

Norbert von der Radlerclique nun auch wieder nicht.«

»Mensch,

da fehlt tatsächlich ein Teil. So'n Mist, was machen wir denn nun?«

In diesem Augenblick klingelt das Telefon. Pfiffix springt auf und will gerade den Hörer abnehmen, als Kniffix ihm zuruft: »Das ist für mich!«

Pfiffix will mithören,

kann aber nichts verstehen, so sehr er seine Lauscher auch hochstellt. Er sieht nur, wie sein Freund hin und wieder mit dem Kopf nickt, und hört ihn ab und zu brummen: »Mmh, ja, klar, kapiert.«

Endlich

legt Kniffix den Hörer auf: »Also, wie du schon richtig vermutet hast, steckt der rote Norbert mit seiner Radlerclique hinter der ganzen Sache. Sie haben das Fahrrad gestern Abend prompt mitgenommen. Und wie sie es immer machen, haben sie es versteckt. Und zwar in einem anderen Stadtteil. Dann haben sie einen Brief geschrieben und diesen in drei Teile gerissen. Zwei Teile haben wir ja inzwischen bekommen. Den dritten und wichtigsten Teil will Norbert allerdings nur dann herausrücken, wenn wir ihn und seine ganze Truppe zu einer großen Portion Himbeereis mit Sahne einladen. Unter Umständen würden sie auf die Sahne verzichten, aber Himbeereis muss sein, das war sein letztes Angebot.«

»Also«, beginnt Kniffix zu lesen, »in meinem Teil steht: ›Die Radlerclique – Wie ihr wisst, nehmen wir alle Fahrräder, die nachts vor den Haustüren stehen, und verstecken sie irge…‹ Das kann nur ›irgendwo‹ bedeuten. Weiter steht hier ›euer Fahrr…‹, das könnte heißen: Fahrrad. Und dann steht hier links unten auf dem Zipfel noch 'Ulme'. – Ziemlich merkwürdig ›das Ganze‹ findest du nicht?«

»Pass auf, hör zu,

was auf meinem Zettel steht: ›arten von‹, dann ›9‹! Dann kommt eine neue Zeile, da steht: ›lück bei der Suche.‹ Und weiter geht's mit ›…rbert und die Radlerclique‹.« »Du darfst nicht vergessen, dass uns der wichtigste Teil des Briefes fehlt.

Wenn wir den hätten, wären wir ein schönes Stück weiter.« »Wenn, wenn…«,

äfft Kniffix giftig,

»wenn meine Oma Räder hätte, wäre sie ein Omnibus. Wir haben den Teil aber nicht. Wo bleibt denn dein tolles Kombinationsvermögen, Herr Detektiv?«

»Du hast Recht«,

nickt Pfiffix. »Leg mal deinen Briefteil auf den Tisch. Und nun nehme ich meinen und lege ihn so hin, dass die Lücke für den fehlenden Teil sichtbar wird. Siehst du? So! Jetzt müssen wir überlegen, was in dem Teil stehen könnte, den Norbert besitzt.«

Na, fällt dir etwas auf? Unsere Freunde machen das einzig Richtige: Sie überlegen, was sie haben und was sie noch brauchen. Und nun überlegen und knobeln sie, was jetzt weiter zu tun ist. Wie geht die Sache weiter? »Pass auf!«, meint Pfiffix. »In meinem Teil steht ›…arten‹. Also ›Barten‹ ergibt keinen Sinn – ›Carten‹ auch nicht. D-E-F. Ich hab's: GARTEN muss das heißen. Genau! G-a-r-t-e-n.« Langsam spricht er das Wort Buchstabe für Buchstabe. »Das bedeutet, das Fahrrad befindet sich in einem Garten. Und hier: ›9‹. Da vermute ich, dass die Hausnummer mit einer 9 endet. Da wären wir doch schon ein ganzes Stück weiter, was meinst du, Kniffix?« »Weißt du vielleicht zufällig, wie viele Gärten es in unserer Stadt gibt?«, fragt Kniffix. »Bin ich Hellseher?«, faucht Pfiffix. »Ich vermute, es sind ein paar tausend. – Ha, ha! Aber viel wichtiger ist, was ich hier stehen habe: Auf meinem Zettel steht nämlich ›Ulme…‹. Wetten, dass die Straße etwas mit Ulme zu tun hat?« – »Drüben im Bücherschrank liegt ein Stadtplan. Hol' den bitte mal her, vielleicht können wir damit etwas anfangen«, hat Kniffix die Lage sofort erfasst. »Danke!« Er schlägt den Plan auf und blättert im Straßenverzeichnis:

»Udostraße? Nein.

Uhlandstraße? Auch nicht. Da, da ist es, was wir suchen! – Oje! So einfach, wie ich mir das vorgestellt habe, ist die Sache auch wieder nicht. Hier gibt es zwei Straßen, die mit ›Ulme‹ beginnen: die Ulmenallee und die Ulmenstraße. Welche ist aber jetzt die Richtige?« Kniffix schlägt die Straßenkarte auf und murmelt scheinbar unsinnige Buchstaben und Zahlen vor sich hin: »A – C – D, 4 – 8; eine Straße habe ich«, sagt er dann. »Also, die Ulmenstraße ist im Planquadrat D4, hier, siehst du?«

Tja,

und nun solltest du dich auf die Suche nach der »Ulmenallee« auf dem Stadtplan machen. Hast du sie gefunden? Richtig! Sie befindet sich in den Planquadraten G6 bis H8.

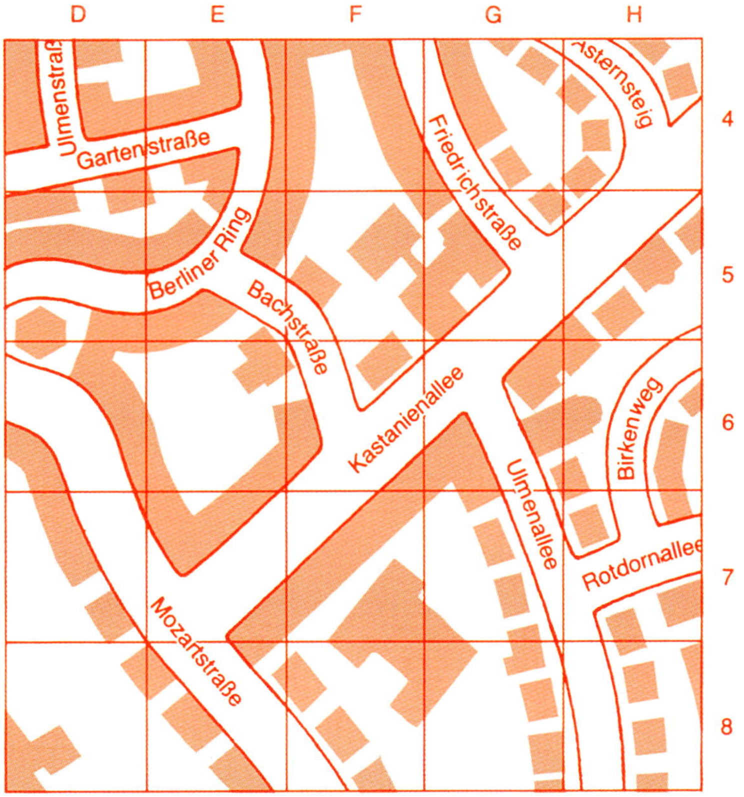

»Was stehst du noch hier rum?

Los, nimm den Stadtplan und mach dich auf die Strümpfe. Inzwischen rufe ich bei Nadine und Jan an und erzähle ihnen, was wir herausgefunden haben. Beeil dich, wir haben nicht viel Zeit. Norbert hat nämlich noch gesagt, wenn wir bis 15.00 Uhr das Fahrrad nicht gefunden haben, holt er es dort weg und bringt es an eine andere Stelle. Es ist schon 14.20 Uhr!«

»Ich fliege, ich eile!«,

ruft Pfiffix, und schon ist er wie ein Wirbelwind verschwunden. Zehn Minuten später läutet bei Kniffix das Telefon. »Ich bin's … Das mit der Ulmenstraße war ein großer Reinfall!«, ruft Pfiffix. »Da waren nur acht Häuser. Aber ich nehme jetzt ein Taxi und fahre zur Ulmenallee. Wenn ich dort fertig bin und das Rad gefunden habe, melde ich mich wieder. Tschüss!« – »Warte«, meint Kniffix, »mir ist da noch was eingefallen, was deine Suche erleichtern kann. Du brauchst nur bei den Häusern zu schauen, die eine 9 am Ende haben. Verstehst du? Eine Hausnummer, die mit 9 aufhört. Klar?« – »Ja, danke! Ich habe verstanden! Also, bis dann!«

Die Zeiger der Uhr stehen auf 14.57 Uhr. Endlich das ersehnte Läuten des Telefons. Rasch nimmt Kniffix den Hörer ab: »Ja, alles in Ordnung?«, ruft er hastig. »Alles Tutti!«, vernimmt er von der anderen Seite. »Wir haben's geschafft. Und stell dir vor: Die Fahrradclique und der rote Norbert lagen schon auf der Lauer und wollten das Rad holen, um es erneut zu verstecken. Die dummen Gesichter dieser Bande hättest du sehen sollen!

7 heiße Spuren aus der Lernsackgasse

1.

Sammle bei schwierigen Aufgaben alle Hinweise, die du hast.

2.

Ordne sie in eine sinnvolle Reihenfolge. (Was geschieht zuerst, was gehört zusammen?)

3.

Kannst du jetzt erkennen, worum es geht?

4.

Stelle fest, was du noch nicht weißt.

5.

Wer könnte dir weiterhelfen? (Ein Klassenkamerad, die Eltern, dein Lehrer?)

6.

Wenn du jetzt noch Fragen hast, so zeige ruhig mal Mut zur Lücke!

7.

Schau dir noch einmal an, was du herausgefunden hast – kombiniere! So findest du den richtigen Weg und löst den Fall.

Die versteckten Quadrate

Hier noch ein Fall für junge Detektive: Schau genau, probiere, kombiniere:

Lösungstipp:
Nimm mehrere verschiedenfarbige Stifte und rahme die gefundenen Quadrate ein.

Nach gefundener Lösung sind die Punkte 16–19 dran.

Übrigens: Ein Quadrat hat vier gleich lange Seiten!

Die Skizze zeigt ein großes Quadrat, in das viele kleine Quadrate gezeichnet sind. Wenn du allerdings genau hinschaust, so wirst du feststellen, dass darin noch viel mehr Quadrate versteckt sind. Wie viele Quadrate findest du insgesamt heraus?

Lösung:
dreißig

Guten Appetit beim Buchstabensalat

Oder: Es lohnt sich, das ABC zu kennen

»Aberglaube,

Abitur, Ableger, abschreiben – Potzdonner!«, zischt Pfiffix zornig. »Wann kommt denn endlich ›Agent‹?« Er blättert ganz aufgeregt in seinem Lexikon, weil er unbedingt herausbekommen will, was ein Agent ist. So hatte Kniffix ihn nämlich gestern genannt, als sie beide in der alten Druckerei »Schwarz & Blei« mithalfen, um ihr Taschengeld etwas aufzubessern.

Die Firma Schwarz & Blei

ist eine uralte Druckerei, die noch mit einzelnen »Lettern« (das sind aus Blei gegossene Buchstaben) arbeitet. Eine Heidenarbeit, bis eine ganze Buchseite gesetzt ist.

»So«,

sagt Meister Blei, während er sich mit dem Ärmel über die nasse Stirn reibt, »ich muss noch eine wichtige Besorgung machen. Falls jemand kommt, ich bin gleich zurück.« »Macht der es wieder spannend«, denkt Pfiffix, »dabei weiß doch jeder, dass der alte Blei nur mal eben ein Bierchen trinken geht.«

Pfiffix fasst die Gelegenheit beim Schopf,

sich mal umzusehen, was hier so alles gedruckt wird. Denn er ist von Natur aus unwahrscheinlich neugierig. Und irgendeinen Auftrag scheint Meister Blei in Arbeit zu haben, der streng geheim bleiben muss. Jedenfalls tat er in letzter Zeit immer so geheimnisvoll, wenn er den großen dunkelroten Ordner vom Regal nahm. Pfiffix klettert flink auf das Regal. Tatsächlich – in großen tiefschwarzen Buchstaben steht auf dem Aktendeckel: »Top secret – streng geheim!« Pfiffix will gerade den Ordner aufklappen, da kommt Kniffix angerast:

»He, bist du unter die Agenten gegangen«,

zischt er. Und dabei gibt er seinem kleinen Freund einen kräftigen Schubs, dass dieser fast vom Hocker fällt. Im letzten Moment kann er sich noch an den Kästen mit den Druckplatten festhalten. »Au Backe«, stöhnt Kniffix, der den Schlamassel sofort entdeckt.

»Alles durcheinander!«

Die Druckplatten mit den dicken Buchstaben sind verschoben. »Mein Gott, das Kinderlexikon!« Die Stichwörter waren auf eigenen Platten in dicken Buchstaben abgesetzt und die erklärenden Texte in kleinerer Schrift auf anderen Platten – und jetzt passt nichts mehr richtig zusammen.

Da steht jetzt z.B.: »BÜFFEL – jemand, der Kleinkinder hütet …« oder »BABYSITTER – Wildrinder mit langen, oft gebogenen Hörnern …«

Schnell versucht Pfiffix alles zu ordnen, aber er bringt es nur noch mehr durcheinander. »Das ABC müsste man können«, schnauft Kniffix.

Hilfst du

den beiden beim Sortieren? – Toll! Dann schaffen sie es bestimmt, ehe Meister Blei zurückkommt und sie hochkantig rauswirft.

Bindehaut
Banknoten
Ballett
Bob
Barrikade
Blitz
Balzen
Batterie
Beatles
Bibliotheken
Buchdruck
Babysitter
Balkan
Bratsche
Berlin
Büffel

Hier links sind die durcheinander geratenen Stichwörter: Am besten fängst du mit dem Vorsortieren an. Da alle Stichwörter mit dem gleichen Buchstaben beginnen, nämlich mit B, musst du den zweiten Buchstaben anschauen.

Sammle alle Wörter, die die ersten zwei Buchstaben gemeinsam haben. Da der erste Buchstabe überall ein B ist, konzentrierst du dich also nur auf die zweiten Buchstaben. Diese musst du in alphabetischer Reihenfolge anordnen:

BA...

BL...

BO...

BR...

BE...

BU...

BI...

*Falls jetzt in einem Kästchen nur ein einziges Wort steht, markierst du dieses Kästchen mit einem *.*

Betrachte jetzt jeweils ein vorsortiertes Kästchen. Steht mehr als ein Wort darin, musst du den dritten Buchstaben anschauen.

Übrigens: Überall, wo du nach einem Begriff oder Namen suchst, kommst du ohne Alphabet nicht weiter – ob im Lexikon, Wörterbuch, Telefonbuch oder beim Surfen im Internet.

Hierfür stehen neue Kästchen zur Verfügung:

Wie schon beim letzten Schritt ordnest du nur die Kästchen, in denen mehr als ein Wort steht. Ganz klar, dass du bei diesen nach dem vierten Buchstaben schauen musst.

BA...
- BAB...
- BAL...
- BAN...
- BAR...
- BAT...

BE...
- BEA...
- BER...

BI...
- BIB...
- BIN...

BL...

BO...

BR...

BU...
- BUC...
- BUF...

Auch hier gilt die alphabetische Reihenfolge:

- BA…
  - BAB…
  - BAL…
    - BALK…
    - BALL…
    - BALZ…
  - BAN…
  - BAR…
  - BAT…
- BE…
  - BEA…
  - BER…
- BI…
  - BIB…
  - BIN…
- BL…
- BO…
- BR…
- BU…
  - BUC…
  - BUF…

*Kästchen mit nur einem einzigen Wort erhalten wieder das *.*

Lösung:

BA…
- Banknoten
- Ballett
- Barrikade
- Balzen
- Batterie
- Babysitter
- Balkan

BAB…
- Babysitter *

BAL…
- Ballett
- Balzen
- Balkan

BALK…
- Balkan *

BALL…
- Ballett *

BALZ…
- Balzen *

BAN…
- Banknoten *

BAR…
- Barrikade *

BAT…
- Batterie *

BE…
- Beatles
- Berlin

BEA…
- Beatles *

BER…
- Berlin *

BI…
- Bindehaut
- Bibliotheken

BIB…
- Bibliotheken *

BIN…
- Bindehaut *

BL…
- Blitz *

BO…
- Bob *

BR…
- Bratsche *

BU…
- Buchdruck
- Büffel

BUC…
- Buchdruck *

BUF…
- Büffel *

Fasse noch einmal zusammen:

Zuerst hast du nur nach zwei Buchstaben sortiert, also B-A vor B-E vor B-I vor B-L usw.

Danach hast du nach dem dritten Buchstaben sortiert, also BA-B vor BA-L vor BA-N usw.

BE-A vor BE-R usw.

*Und schließlich sogar nach dem vierten Buchstaben: BAL-L vor BAL-K vor BAL-Z. Dies hast du so lange getan, bis jedes Wort allein in einem Kästchen steht. Jetzt brauchst du nur noch die *-Kästchen von oben nach unten lesen.*

Damit ist die Ordnung wieder hergestellt.

Und nun brauchst du die alphabetisch geordneten Stichwörter nur der Reihe nach einzusetzen:

ist jemand, der Kleinkinder hütet, wenn die Eltern nicht zu Hause sind …

---

ein Mittelgebirge, das hauptsächlich in Bulgarien, in Südosteuropa, liegt …

---

ist ein Tanz auf der Bühne, der wie ein Schauspiel eine Handlung hat. Die Handlung wird nicht gesprochen, sondern durch tänzerische Bewegungen ausgedrückt …

ist das Werben der Männchen um ein Weibchen bei bestimmten Tierarten …

---

haben die Chinesen im Jahre 650 erfunden und nannten sie »Fliegendes Geld«. Erst 1000 Jahre später wurde Papiergeld in Europa eingeführt …

Sperre über Wege und Straßen zur Verteidigung …

---

kann elektrische Energie speichern und braucht keinen Strom aus der Steckdose …

---

unter diesem Namen schlossen sich John Lennon, Paul McCartney, George Harrison und Ringo Starr in den 60er-Jahren zu einer Popmusik-Gruppe zusammen …

---

größte deutsche Stadt …

sind große Büchersammlungen. Die deutsche Bezeichnung ist Bücherei …

Schleimhaut des Auges. Sie bedeckt den vorderen Augapfel und die Innenseite der Lider …

Lichterscheinung, die die Entladung einer elektrischen Spannung zwischen zwei entgegengesetzt geladenen Wolken oder zwischen einer Wolke und der Erdoberfläche begleitet. (Anschließend hört man es oft donnern) …

lenkbarer Sportschlitten ...

heißt auch Viola. Sie hat die Form einer Geige, ist aber etwas größer …

das Wort hängt mit »Buchstaben« zusammen, den Stäbchen aus Buchenholz, in welche die Germanen ihre Runenzeichen ritzten. Den … gab es schon vor Johannes Gutenberg. Nur musste damals jede einzelne Buchseite in eine Holztafel geschnitzt werden. Gutenberg erfand die beweglichen Lettern (einzelne bewegliche Buchstaben) und damit die Möglichkeit, sie immer wieder neu zu verwenden …

sind Wildrinder mit langen, oft gebogenen Hörnern …

Gerade als Kniffix und Pfiffix den BÜFFEL eingesetzt hatten, ging die Tür auf und Meister Blei kam gut gelaunt herein: »So, Jungs, Feierabend! Für heute habt ihr genug geschafft! Also dann, bis dann!« So pflegte er immer zu sagen, wenn er mit sich und der Welt zufrieden war. »Also dann, bis dann!«, riefen Pfiffix und Kniffix ihm erleichtert zu und trollten nach Hause.

7 Brücken über Stolpersteine

1. Ob im Lexikon, Telefon- oder Postleitzahlenbuch: Überall begegnet dir das ABC.

2. Wenn du das ABC kennst, wird Suchen zum Vergnügen.

3. Kannst du das ABC in höchstens 20 Sekunden aufsagen? (Falls nicht, musst du unbedingt noch üben.)

4. Wie schreibt man das? – Im Duden steht's!

5. Frag öfter mal dein Lexikon – schlag nach!

6. Mit dem ABC findest du dein Lieblingsbuch in der Bücherei sofort.

7. Wer das ABC kennt, spart viel Zeit.

Buchstabensalat mit Zahlen gewürzt

Als kleine Nachspeise zum Buchstabensalat noch ein Buchstabenrätsel mit Zahlen gewürzt. Eine bestimmte Zahl steht immer für den gleichen Buchstaben. Wenn du alle Felder ausgefüllt hast, sind folgende Wörter in diesem Kreuzworträtsel enthalten:

POL, SCHIENE, HEER, ESEL, GERING, BURG, MAUS, LAUS, VIEL, KRAUS, KLAGE, TAFEL, NUR, RUF, KELLER, LAERM, ES, SCHULE, KRANZ, RALF, EHE, BERG, PFAU, RITA, BETRAG, KUH, NA, AFFE, AU, VIER, ANNE, LIEGE, RIFF, (natürlich fehlt er nicht, wenn sein Freund schon dabei ist:) **PFIFFIX.**

20	7		3	B 19	A 13	B 19	Y 18	S 7	23
7	22	1	15		4	20	17	O 5	3
	1	20		21	4	8	14	H 1	13
19		21	26	26	20	21	15	N 4	26
	3	13	20	21	16	13		14	20
23	20		3	20	21	26	14	G 26	23
21	24	14	21	17	15	9	15	E 20	21
13	K 23	N 4	I 15	F 14	F 14	I 15	X 12	N 4	13
4	24	21	8	13	14	20	3	A 13	24
11	1	16	13	24	7	3	13	U 24	

S	24 U	13 A	3 L	7 S	24 U	13 A	16 M	1 H	11 Z
24 U	13 A	3 L	20 E	14 F	13 A	8 T	21 R	24 U	4 N
13 A	4 N	12 X	15 I	14 F	14 F	15 I	4 N	23 K	13 A
21 R	20 E	15 I	9 V	15 I	17 P	21 R	14 F	24 U	21 R
23 K	26 G	14 F	26 G	21 R	20 E	3 L	L	20 E	23 K
20 E	14 F	F	13 A	16 M	21 R	20 E	13 A	3 L	
26 G	4 N	15 I	21 R	20 E	26 G	26 G	21 R	U	19 B
13 A	1 H	14 F	8 T	4 N	21 R	E	20 E	1 H	
3 L	5 O	17 P	20 E	4 N	E	15 I	1 H	22 C	7 E
23 K	7 S	18 Y	19 B	13 A	19 B	3 L	E	7 S	20 E

Sicher weißt du schon, dass man in einem Kreuzworträtsel die Buchstaben waagrecht (nebeneinander) und senkrecht (untereinander) lesen kann. Also dann, guten Hunger!

Lösung:

Einkehr in die Zettelwirtschaft

Oder: Wie du dich beim Aufsatz nicht verzettelst

Tiefer Winter.

Lausig kalt. Überall Schnee und Eis. Herr Strotz ist heute wieder auf seinem Skatabend. Jeden Montagabend trifft er sich mit seinen Kollegen in der Waldgaststätte »Zur Zitadelle«, kurz Zettelwirtschaft genannt.

Auch Kniffix und Pfiffix sind manchmal dort anzutreffen, wenn sie nach einer Schneewanderung einen heißen Tee trinken. Vergnügt schauen sie dann immer dem kleinen Otto zu, dem Sohn des Zitadellenwirtes. (Ottos Klassenkameraden sagen deshalb auch Frikadelle zu ihm.)

Frikadelle – Entschuldigung –

Otto muss seine Hausaufgaben immer in der Wirtsstube machen. Heute hat er dort einen Aufsatz geschrieben. Kniffix und Pfiffix haben ihn beobachtet: »Das ist irre komisch – aber saugut«, freut sich Pfiffix. Das aber wollen sie dir später erzählen.

Zurück zu Herrn Strotz. Herr Strotz kann zwar strotzen, aber Autofahren kann er so gut wie ein Ochse Schlittschuhlaufen. Hier ist der Beweis:

Der Skatabend ist vorbei,

Herr Strotz stapft durch den Winterwald zum Waldparkplatz, wo er seinen »Schlit-

ten«, den erwähnten Turbo, geparkt hat. Es hat kräftig geschneit. Erst muss er den vielen Schnee vom Auto schaffen. Da er nichts anderes dabeihat, schabt er mit seinem Hut die Fenster frei. Nun will er die Türe aufschließen.

Zugefroren.

Wie wild stochert er mit dem Schlüssel an dem Schloss herum, bricht fast den Schlüssel ab, da fällt ihm ein, dass er es mit seinem Feuerzeug probieren könnte. So hat er es dann bald geschafft. Er startet. Sein Turbo springt auch sofort an. Herr Strotz legt den Rückwärtsgang ein, gibt Gas – die Räder drehen durch. Herr Strotz gibt noch mehr Gas, die Räder heulen und singen, das Auto aber bleibt auf der Stelle stehen. Herr Strotz wird ganz nervös. Er gibt immer mehr Gas, ruckt wie ein Dreijähriger auf dem Schaukelpferd hin und her, gibt noch mehr Gas, sieh da, die Reifen singen und heulen nicht nur immer heller und lauter, nein, jetzt kann man sie auch riechen – es stinkt wie nach verbranntem Gummi.

Herr Strotz ist knallrot

im Gesicht, und obwohl es eisig kalt ist, fängt er an zu schwitzen. »Kühlen Kopf behalten«, befiehlt er sich genau in diesem Augenblick. Er stellt den Motor wieder ab, nimmt seine Fußmatte, legt sie, so weit er kann, unter das linke Vorderrad, steigt wieder ein, startet, gibt Gas – flutsch, saust die Fußmatte in den Wald.

»Ich muss doch hier raus!«,

jammert Herr Strotz jetzt weinerlich. Motor aus – aussteigen – Fußmatte suchen – ein paar Tannenzweige sammeln – so befiehlt er sich die nächsten Schritte. Dritter Versuch: Auch die Tannenzweige helfen nicht weiter. Inzwischen haben die Reifen sich immer tiefer in den Boden gegraben und ein spiegelglattes Loch gerieben. Da kann niemand mehr starten.

Ach ja,

da ist ja noch die Sache mit dem kleinen Otto, der Frikadelle. Kniffix und Pfiffix haben ihm bei den Hausaufgaben zugeschaut.

Otto hat sich ein abgedroschenes Skatspiel unter den Nagel gerissen und benutzt es seitdem als »Aufsatztrainer«, wie er es nennt. Mit Filzschreibern notiert er auf jeder Karte ein Stichwort, das ihm zu dem gestellten Thema einfällt. Dann macht er eine Matheaufgabe, nimmt anschließend wieder den

»Aufsatztrainer«,

beschriftet ein paar weitere Karten, legt sie wieder weg, macht danach Biologie, greift erneut zum »Aufsatztrainer«, schreibt nochmals ein paar Stichworte auf einzelne Karten. »So«, sagt er dann verheißungsvoll, »jetzt zum nächsten Schritt!« Dabei legt er alle Karten auf dem großen Biertisch aus:

»Hier ist meine Stoffsammlung!«

Jetzt nimmt er Karte für Karte auf, sortiert sie der Reihe nach, legt einzelne Karten wieder hin, sortiert neu, bis er das ganze Kartenspiel in der Hand hält. Wie ein Zauberer hält er die Karten hoch: »Das war der zweite Schritt: die Gliederung! Jetzt brauche ich aus den einzelnen Stichworten nur noch kurze Sätze bilden – und fertig ist mein Aufsatz!« »Das ist ja eine ulkige Nudel, die Frikadelle«, staunt Pfiffix. »Lass mal«, lenkt Kniffix ein,

»das ist fast wie ein Gewinn im Lotto, dieser Trick vom Otto!«

Recht und schön, wirst du jetzt sagen, aber was hat die Reifengeschichte des Herrn Strotz mit dem Aufsatztrainer von Otto zu tun?

Ganz einfach: Wenn du bei einem Aufsatzthema nicht recht weiterkommst, dich festgefahren hast und dir nichts mehr einfällt, dann bringt es gar nichts, wenn du ständig weiter darauf herumkaust und wie ein Irrer Gas gibst.

Da ist es schon besser: abschalten – was anderes machen – neuer Anlauf – abschalten – wieder was anderes machen – nächster Anlauf – Abfahrt!

So vermeidest du, trotz aller Kraftanstrengung an einer Stelle hängen zu bleiben und vor lauter Wut am Schluss noch durchzudrehen – denn das stinkt dir doch. (So wie beim Anfahren auf Glatteis durchdrehende Reifen zu stinken anfangen ...)

KÜHLER KOPF
WAS ANDERES MACHEN
NEUER ANLAUF
ABSCHALTEN
ABFAHRT

7 Schnipsel aus der Ideenkiste

1

Schreibe jede Idee auf einen eigenen Zettel. Sammle möglichst viele Ideen.

2

Fällt dir nichts mehr ein, grüble nicht zu lange, beiß dich nicht fest.

3

Lege die Zettelsammlung beiseite und mache etwas anderes, z.B. Mathematikaufgaben.

4

Sicher ist dir in der Zwischenzeit etwas Neues eingefallen, was du jetzt aufschreiben kannst.

5

Lies alle Zettel nochmals in Ruhe durch: Eine Idee kommt selten allein. (Bereits gefundene Ideen bringen dich häufig auf neue Ideen.)

6

Ende der Ideensammlung! – Lege die Zettel nebeneinander vor dich hin.

7

Die brauchbaren Ideenzettel ordnest du jetzt wie ein Kartenspiel. Achte auf die richtige Reihenfolge. (Sortiere so lange, bis der Ablauf deiner Geschichte stimmt.)

Was du gerade gelernt hast, ist in der Lösung des nächsten Rätsels zusammengefasst:

Suche das Gegenteil!

Die Anfangsbuchstaben ergeben dabei von oben nach unten gelesen einen Tipp von Kniffix!

1. stark
2. Ende
3. wach
4. Angst
5. kochend heiß
6. Tadel
7. Tag

8. nie
9. Winter
10. nass

11. schlau
12. außen
13. Flut

14. **Fernweh** ______

15. **Wiedersehen** ______

16. **traurig** ______

17. **einfarbig** ______

18. **hügelig** ______

19. **Jugend** ______

20. **Zwerg** ______

21. **schmal** ______

22. **rund** ______

23. **langweilig** ______

24. **hoch** ______

Der Lösungsspruch: ______

______

Schwach, Anfang,
Müde, Mut,
Eiskalt, Lob, Nacht
Immer, Sommer,
Trocken
Dumm, Innen,
Ebbe
Heimweh,
Abschied, Lustig,
Bunt, Eben
Alter, Riese,
Breite, Eckig,
Interessant, Tief.

Lösungsspruch: Sammeln ist die halbe Arbeit

Alles Käse

Oder: Probieren geht über Studieren

Pfiffix hat heute ein paar Rezepte für dich vorbereitet, die ganz einfach sind und dir sicherlich gelingen werden. Zunächst frage deine Mutter oder deinen Vater, ob du die Küche benutzen darfst.

Wenn du einige Grundregeln (dein persönliches Küchen-1x1) beachtest, dann werden deine ersten Koch- und Brutzelversuche sicher ein Erfolg:

1.
Zunächst liest du das Rezept genau durch.

2.
Dann stellst du die Küchengeräte, die du benötigst, und die abgewogenen Zutaten bereit.

3.
Gehe Schritt für Schritt vor! Die einzelnen Arbeitsschritte sind jeweils auf dem Rezept gekennzeichnet.

4.
Die notwendige Koch- oder Backzeit stellst du auf einem Wecker ein. Natürlich kannst du genauso gut deine Armbanduhr benutzen, nur musst du dann aufpassen, dass du die Zeit nicht verpasst.

5.
Vergiss nie, den Herd auszuschalten, wenn du mit dem Kochen oder Backen fertig bist. (Sind alle Lichter aus, stehen alle Knöpfe auf »Null«?)

6.
Ganz klar, dass man seinen Arbeitsplatz (die Küche) ordentlich verlässt. Du stellst alle Lebensmittel und Geräte an ihren Platz zurück. Auch das Spülen und Abtrocknen vergisst du nicht.

7.
Du kochst nur, wenn deine Mutter oder dein Vater zu Hause ist. Grundregel: Kochen – allein nie!

Käse-Tomaten-Toast

Was du alles brauchst:

Pro Person
1 Scheibe Weiß-, Graubrot oder Toast (je nach Geschmack),
1 Tomate,
1 Scheibe Käse

zunächst:

Grill einschalten
Tomaten in Scheiben schneiden

danach:

- **Toaste die Brotscheiben im Grill auf einer Seite.**
- **Belege die ungetoastete Seite des Brotes mit den Tomatenscheiben und decke diese mit der Scheibe Käse zu.**
- **Grille den Käse-Tomaten-Toast so lange, bis die Käsescheibe weich geworden ist.**

Vielleicht magst du keinen Käse-Tomaten-Toast.

Dann probier doch mal:

Spagetti mit Butter

Dazu brauchst du:

2 Liter Wasser,
1 Teelöffel Salz,
500 g Spagetti,
125 g Butter,
6 Esslöffel geriebenen Parmesankäse,
1 Messerspitze Pfeffer

Schritt für Schritt:

- **Bringe das Wasser zum Kochen und gib das Salz dazu.**
- **Halte die Spagetti in einer Hand und lasse sie ins kochende Wasser gleiten.**
- **Koche die Spagetti etwa 12 Minuten.**
- **Gieße das Wasser ab. (Das lässt du am besten deine Mutter oder deinen Vater machen, damit du dich nicht verbrühst.)**
- **Rühre die Butter dazu.**
- **Würze mit Pfeffer und streue den Käse darüber.**

Wenn du aber Spagetti Bolognese servieren möchtest, dann koche die Spagetti wie beschrieben und lies die folgende Anweisung durch.
Vergiss nicht:

Gut vorbereitet ist halb gekocht!

Wenn du jetzt so richtig Spaß am Kochen gefunden hast und weitere Rezepte ausprobieren willst, so lass dir doch von deiner Mutter oder deinem Vater schenken:

Edith Schindler, »Wenn ich großen Hunger hab, fang' ich an zu kochen« – Rezepte und Geschichten für Kinder in der Küche – Beltz und Gelberg Verlag

So, und jetzt guten Appetit, sonst werden die Spagetti kalt …

7 Zutaten für gesunde geistige Nahrung

1.

Gestalte deinen Arbeitsplatz gemütlich. (Du musst dich dort wohl fühlen – das geht auch ohne Spielsachen.)

2.

Arbeite nur an diesem Platz. (Mit deinen Heften in der ganzen Wohnung herumwandern macht andere nervös und lenkt dich ab.)

3.

Lerne zur richtigen Zeit. (Direkt nach dem Essen ist nicht die beste Zeit.)

4.

Überlege, was du alles zu tun hast.

5.

Besorge dir das notwendige Handwerkszeug (Bleistift, Lineal, Zirkel, Papierkorb usw.).

6.

Setze dir selbst eine Zeit, in der du mit den Aufgaben fertig sein willst. (Versuche, diese Zeit einzuhalten.)

7.

Räume nach getaner Arbeit auf. Jetzt kannst du deinen Erfolg echt genießen.

Der Drehwurm

Hier ein Beispiel:

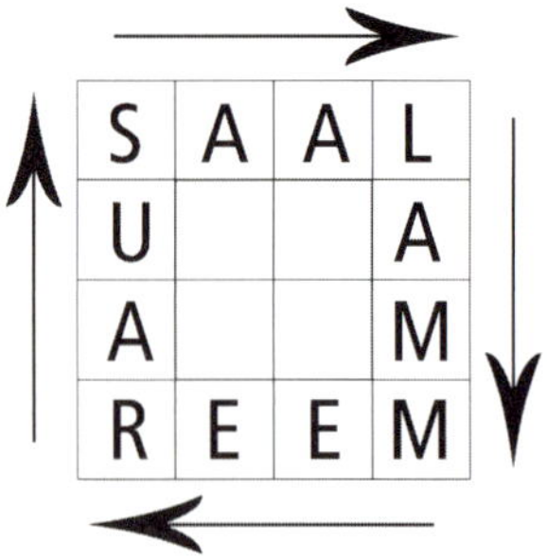

Pass nur auf, dass du bei dieser Übung keinen Drehwurm bekommst. Es geht nämlich immer rechts herum! Der letzte Buchstabe des ersten Wortes ist immer zugleich der Anfangsbuchstabe des zweiten usw.

Mit drei Buchstaben:
1. Gefrorenes
2. Gewässer
3. Zahl
4. Märchenfigur

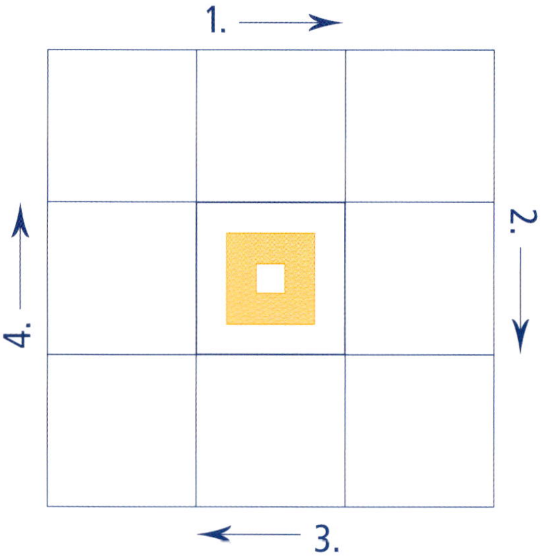

Mit vier Buchstaben:
1. Gestade (am Fluss entlang)
2. Nicht eckig
3. Frau
4. Rankengewächs

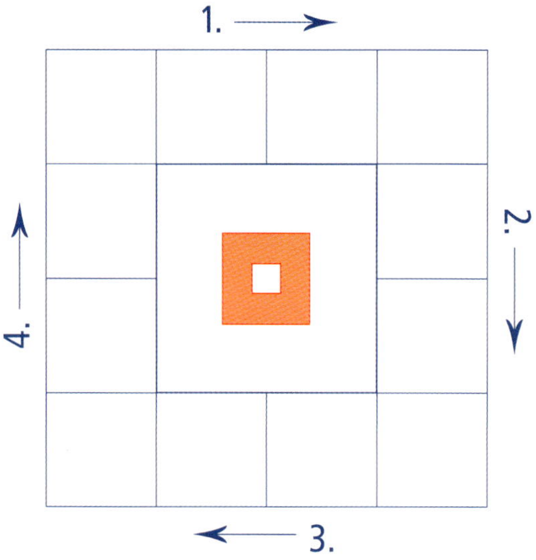

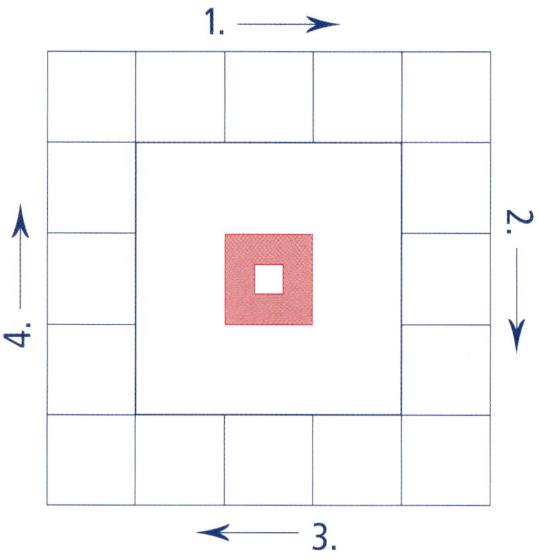

Mit fünf Buchstaben:
1. Niederschlag,
2. Zwischen Abend und Morgen
3. Gegenteil von Lob, 4. Vorratsraum

Lösungen:
Eis, See, Elf, Fee -
Ufer, Rund, Dame, Efeu -
Regen, Nacht, Tadel,
Lager

Wer sich langweilt, ist selber langweilig.

Mathematik = ein großes ?

Oder: Wie du Mathe besser verdauen kannst

Mathematik ist die reinste Hexerei. Selbst mit einfachen Aufgaben kann man immer wieder tolle Überraschungen erleben.

Zum Beispiel mit dieser:

1	2	3	4	5	6	7	8	9	10
									11
									12
									13
X									

Zeichne diese Figur auf ein Blatt, achte darauf, dass es genau 10 x 10 Quadrate sind. Trage die Ziffern von 1–13 nach dieser Vorlage ein. Kannst du jetzt auf Anhieb sagen – nachzählen gilt nicht! – , welche Zahl auf das Feld mit dem Kreuzchen fällt? – Hast du 28 gesagt? – Nicht? – Dann zähle nach! – Toll, was?

Wenn du so weiterzählen würdest, in welchem Feld landet die 40, wo die 50? Das ist ein irres Spiel, mit dem du sogar Mathe-Asse drankriegen kannst. Es gibt auch eine Menge Knobelaufgaben, die du oft erst im zweiten Anlauf richtig lösen kannst. Beispiel: Du hast 19 CD´s in einer Tüte auf dem Fahrradgepäkkträger. Alle – außer 11 – fallen heraus. Wie viele sind noch in der Tüte? – 19 – 11 = 8?

Ja, aber die Lösung muss 11 heißen. Einfach drauflosrechnen ist nicht immer der beste Weg zur richtigen Lösung. Mathematik ist schon ein bisschen mehr als reine Zahlenrechnerei. Aber deswegen ist sie keine Hexerei, sie sieht nur manchmal so aus, wenn man nicht richtig hinschaut, nicht richtig zuhört oder Mathe von vornherein blöd findet.

Dabei begegnest du ihr auf Schritt und Tritt. Überlege, wie oft und bei welchen Gelegenheiten du jeden Tag mit Mathe zu tun hast. Schreibe dir die Stichpunkte mal auf. Denke an Uhrzeiten (wann? von – bis, wie viel zu spät? wie lange?), Preise (wie viel für mein Geld? billiger? teurer?), Gewichte, Geschwindigkeiten, Taschengeld, Teilen (Schokolade mit Geschwistern). Alles was mit Addieren, Subtrahieren, Multiplizieren und Dividieren zu tun hat, zählt – nur nicht deine Hausaufgaben. Glaubst du, dass du wenigstens 20 Dinge zusammenbekommst?

Na, dann: Auf die Plätze, fertig, los!

1. ______________________

2. ______________________

3. ______________________

4. ______________________

5. ______________________

6. ______________________

7. ______________________

8. ______________________

9. ______________________

10. ______________________

11. ______________________

12. ______________________

13. ______________________

14. ______________________

15. ______________________

16. ______________________

17. ______________________

18. ______________________

19. ______________________

20. ______________________

2
3
1

All das ist Mathematik zum Anfassen. Nur hast du in dieser alltäglichen Mathematik schon solche Übung und Routine, dass du es gar nicht mehr als Mathematik empfindest. Aber gerade diese Übung kannst du dir für deine schulischen Matheaufgaben zu Nutze machen.

Und dann gilt es, ein wenig aufzupassen. Das Gleiche ist noch lange nicht dasselbe. Eine 3+ oder 4– in einer Klassenarbeit haben nicht viel mit Addieren und Subtrahieren zu tun.

Am besten stellst du dir die Zahlen auf einer Geraden vor:

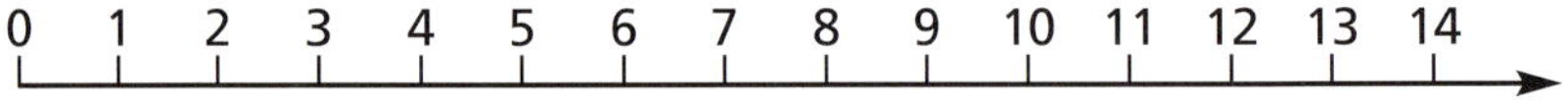

Jedem Punkt auf der Zahlengeraden ist eine Zahl zugeordnet, zu jeder Zahl gehört ein Punkt. Addieren heißt auf dem Zahlenstrahl nach rechts gehen.

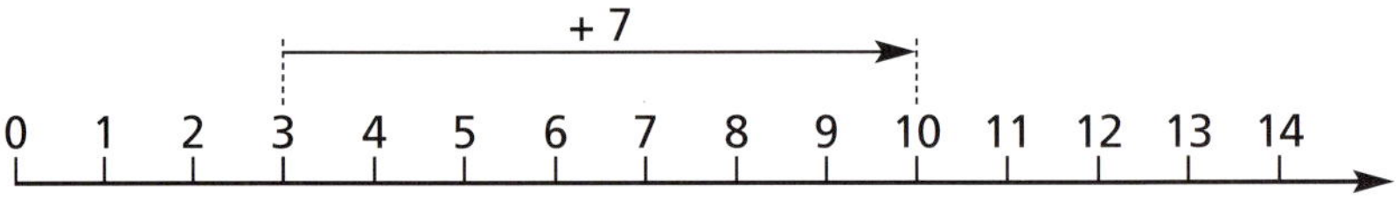

$3 + 7 = 10$

Subtrahieren heißt: Auf dem Zahlenstrahl nach links gehen.

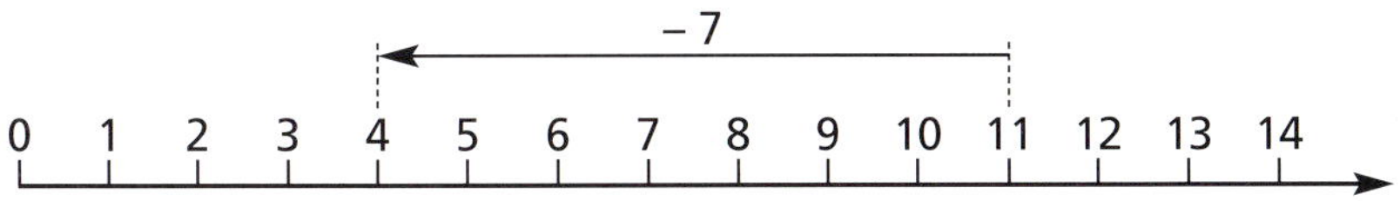

$11 - 7 = 4$

Und die Multiplikation ist eine abgekürzte Addition, wenn ich mehrmals die gleiche Anzahl addiere, kann ich das schneller und einfacher mit Multiplizieren erreichen:

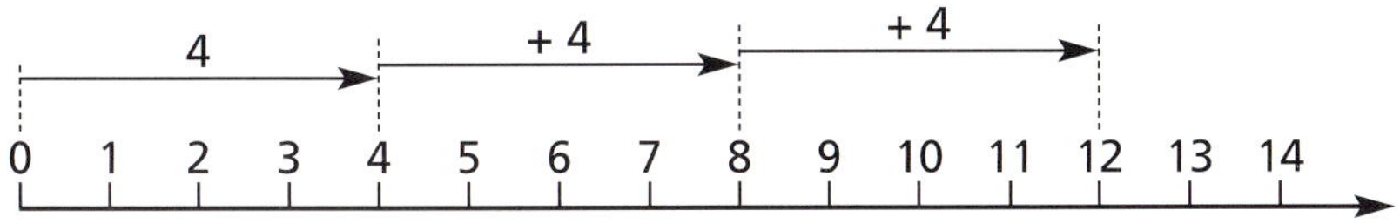

$3 \cdot 4 = 12$

Und hierbei hilft das Einmaleins. Es lohnt sich, das Einmaleins aus dem Effeff zu kennen. Dann bleibt dir nämlich Zeit für die eigentliche Aufgabe, z.B. eine Textaufgabe.

Wie kommt es eigentlich, dass so viele Schüler Textaufgaben oft als schwierig empfinden?

Nun, diese Aufgaben sind aus den verschiedensten Gebieten. Deshalb glaubst du auch, dass du verschiedene Lösungswege finden musst. Das ist aber nicht der Fall.

Am besten gehst du bei Textaufgaben so vor:

1.
Was ist gegeben, was ist mir gesagt? – Das schreibe ich auf.

2.
Was will man wissen, was soll ich denn ausrechnen?

3.
Die Antwort schreibst du als Lösungssatz sofort auf. Natürlich weißt du noch nicht die genaue Zahl. Zum Beispiel wie viel Meter eine Mauer lang ist. Dann schreibst du einfach: Die Mauer ist –?– Meter lang. Dadurch hast du die Aufgabe schon zur Hälfte gelöst. Ehrlich! Denn jetzt kannst du vieles mechanisch erledigen.

4.
Lies den ganzen Text nochmals langsam durch und vergleiche ihn mit dem, was du aufgeschrieben hast.

5.
Kannst du dir die Sache noch nicht richtig vorstellen, dann fertige eine kleine Zeichnung an. Das geht in den meisten Fällen.

6.
Wichtig ist noch, dass du ordentlich schreibst. Die Kästchen in deinem Heft sind eine Hilfe, die Zahlen richtig untereinander zu schreiben. So kannst du dich nicht so leicht verrechnen.

7.
Forme aus den gegebenen Sätzen oder Satzteilen der Textaufgaben und/oder einer Skizze deine Rechenaufgabe.

Der nächste Schritt ist nur noch reine Rechnerei.

Zum Einüben dieser Punkte hier eine Trainingsaufgabe:

Herr Pflüger kauft 6 Schweine und bezahlt dafür zusammen 594,– €. Er verkauft sie gemästet zusammen für 3120,– €. Wie viel € pro Schwein hat ihm das Mästen eingebracht?

1. Was ist gegeben?

6 Schweine = 594,– €
beim Einkauf
6 Schweine = 3120,– €
beim Verkauf

2. Was soll ich ausrechnen?

Unterschiedspreis pro Schwein zwischen Einkauf und Verkauf.

3. Lösungssatz aufschreiben:

Das Mästen hat Herrn Pflüger –?– € pro Schwein eingebracht.

4. Aufgabe nochmals lesen und Notizen 1.–3. vergleichen.

5.

6.

```
   3120
 −  594
 ------
   2526
```

7. Der Unterschied zwischen Einkauf und Verkauf bei allen Schweinen zusammen macht 2526,– € aus. Da ich wissen will, wie viel Herr Pflüger pro Schwein eingenommen hat, muss ich rechnen:

```
 2526 : 6 = 421
−24
 ---
  12
 −12
 ---
    6
   −6
   --
    0
```

So, nun schreibe ich den Lösungssatz (siehe Punkt 3.) vollständig hin:

Das Mästen hat Herrn Pflüger 421,– € pro Schwein eingebracht.

Fertig!

7 • 1 = 7 geknackte Zahlenschlösser

1.

Mathe ist lernbar: Wer weiß, dass ein Elefant größer ist als eine Maus, kann subtrahieren. Du kannst addieren, subtrahieren, multiplizieren, dividieren. Die wichtigsten Trümpfe hast du schon in der Hand.

2.

Auch für Mathematik brauchst du gutes Werkzeug: gespitzter Bleistift, Lineal, Zirkel usw.

3.

Schreibe ordentlich = Zeichen untereinander. Zahlen in die Kästchen, pro Zahl oder Zeichen ein Kästchen.

4.

Versuche Aufgaben, die du in der Schule gelöst hast, zu Hause mit anderen Zahlen zu rechnen.

5.

Textaufgaben: Was ist gegeben? Was ist gefragt? Zeichne Skizzen und Bilder und forme daraus deine Rechnungen.

6.

Überlege, ob das Ergebnis ungefähr stimmen kann. Mache die Probe mit deiner Lösungszahl. (Wenn drei Tafeln Schokolade 750,– € kosten sollen, dann prüfe, ob du dich nicht verrechnet hast ...).

7.

Klarheit: Kühlen Kopf behalten. Auch wenn du nicht gleich die Lösung findest, überlege, was du eigentlich ausrechnen sollst.
Routine: Rechnen lernt man durch Rechnen.

Sicherheit:
Hast du Routine, dann kommt sie von alleine. Der Erfolg ist dir gesichert.

Nicht anschmieren lassen - durchstreichen

In jedem Feld musst du nun zwei Ziffern durchstreichen, damit die Malaufgaben richtig aufgehen. Zum Beispiel:

~~4~~	~~3~~	6	·	~~8~~	6	~~5~~	=	~~1~~	3	~~7~~	6
5	8	3	·	6	5	8	=	8	2	5	6
7	5	8	·	8	4	9	=	8	3	6	2
5	7	8	·	8	6	5	=	5	2	0	6
4	3	6	·	6	5	7	=	7	4	8	2
9	6	4	·	3	9	5	=	8	1	6	4
2	4	8	·	6	7	9	=	6	3	4	8
8	3	9	·	8	5	9	=	3	2	6	7

Lösung

5 x 5 = 25
8 x 4 = 32
7 x 8 = 56
6 x 7 = 42
9 x 9 = 81
8 x 6 = 48
3 x 9 = 27

Der rasende Reporter

Oder:
Wer fragt,
gewinnt

Pfiffix schnappt sich

den Kassettenrekorder, einen Notizblock, einen Kuli und braust los wie die Feuerwehr – nein, zur Feuerwehr. »Wo brennt's denn?«, fragt der Kommandant sofort. »Ist das immer Ihre erste Frage?«, fragt Pfiffix zurück. Er notiert und brummelt sich in die Barthaare: »Nicht schlecht, gar nicht schlecht – in der Tat, eine gute Frage … – Ich komme im Auftrag der LIBFI«, sagt er dann laut und deutlich. »LIBFI?«, wiederholt der Kommandant ungläubig.

»Nie gehört!« – »Was?«,

ist Pfiffix etwas beleidigt, »Sie kennen LIBFI, das größte und bedeutendste Institut für Meinungsforschung nicht?«

Der Kommandant kratzt sich bedächtig am Kinn, schiebt mit dem Zeigefinger die Dienstmütze etwas hoch: »Ach so, ja stimmt, so langsam dämmert's – aber was heißt LIBFI eigentlich?«

Pfiffix

hat inzwischen den Kassettenrekorder startklar gemacht und erklärt mit geschwollener Brust: »Das größte und bedeutendste Meinungsforschungsinstitut ist LIBFI, das Loch-in-Bauch-Frage-Institut!« Pfiffix schaut nun in seinen Block, in dem er einiges notiert hatte:

- Begrüßung
- Stelle mich vor
- Warum ich gekommen bin
- Bitte um ein Gespräch
- Wie wird man Feuerwehrmann?
- Welche Ausbildung benötigten Sie?
- Können auch Mädchen diesen Beruf erlernen/ausüben?
- Wie viele Feuerwehrleute gibt es in unserer Stadt?
- Wie viele Fahrzeuge haben Sie?
- Wie oft werden diese eingesetzt?
- Wann war der letzte Einsatz?
- Wie lange müssen Sie arbeiten?
- Haben Sie bei Ihrer Arbeit schon mal ein besonders aufregendes Erlebnis gehabt?
- Was war Ihr schönstes Erlebnis bei der Arbeit?
- Haben Sie schon mal Angst gehabt bei Ihrem Dienst?
- Würden Sie das Gleiche noch einmal werden wollen?
- Bedanke mich für Ihre Freundlichkeit und für das Gespräch

»Mannomann, Kniffix, war das aufregend. Echt Spitze, der Kommandant bei der Spritze. Morgen gehe ich zur Polizei, übermorgen zum Roten Kreuz, nächste Woche …« Pfiffix sprudelt nur so vor Begeisterung.

»Da geh ich aber auch mal mit«, unterbricht Kniffix den Redeschwall seines Kumpels. »Okay«, antwortet Pfiffix gönnerhaft. Und schon schmieden die beiden einen genauen Plan: Wann? Wohin? Zu wem? Was fragen wir? …

Ja, was hältst du davon, auch einmal eine solche Befragung oder ein Interview durchzuführen? Am besten machst du dir ebenfalls ein paar Notizen (übrigens, die Notizen von Pfiffix waren gar nicht übel).

Überlege, welche Fragen du an einen Polizeibeamten auf der Straße stellen kannst. Was soll dir der Polizist auf der Polizeiwache beantworten? Was interessiert dich am meisten? Was möchtest du von Mitarbeitern des Roten Kreuzes wissen?

Wichtig ist auch noch, dass du dir klarmachst, dass die Beamten der Polizei, die Feuerwehrleute und die Helfer beim DRK nicht immer Zeit für eine Befragung haben. Vielleicht kannst du vorher anrufen und einen Termin vereinbaren. Wenn ihr höflich um etwas bittet, werdet ihr bestimmt nicht abgewiesen. Sollte dir allein der Mut fehlen, nimm eine Freundin oder einen Freund mit. Auch sie oder er kann dir beim Fragen behilflich sein: Zwei wissen immer mehr als einer!

Bevor ihr zu den Leuten geht, überlegt euch, wie ihr vorgehen wollt.
Und schon kann's losgehen: Ein Reporter fragt stets nach den großen »W« (Wer – Wann – Wie – Warum – Wo …).

Wer fragt – gewinnt! Das bedeutet, nur wer fragt, kann Antworten bekommen. Nur wer tatsächlich den Mut hat, Fragen zu stellen, und sich vor einer dummen Antwort nicht fürchtet, wird mehr erfahren.

Das gilt auch für die Schule. Allerdings kann es schon mal vorkommen, dass du dort eine Antwort bekommst, die dir gar nicht gefällt.

Etwa so:

- Das war der größte Blödsinn, den du jemals gefragt hast.
- Denk zuerst nach, bevor du fragst!
- Das ist eine selten dumme Frage!
- So etwas kannst auch nur du fragen.
- Das haben wir doch jetzt eben ausführlich besprochen.
- Frag nicht so dummes Zeug!
- Jeder blamiert sich, so gut er kann.
- Diese Frage gehört jetzt nicht hierher.
- Der Nächste, der so dumm fragt, fliegt raus!

Das alles sind keine Antworten – oder zumindest sehr schlechte. Lass dich dadurch nicht entmutigen. Die meisten Lehrer sind recht froh, wenn ihre Schüler Fragen an sie stellen!

Und eigentlich ist es doch die Ausnahme, wenn ein Lehrer so antwortet wie hier. Vielleicht hat er seinen schlechten Tag – den dürfen Lehrer auch mal haben.

Daran kann man übrigens sehr schön sehen, dass Lehrer keine Halbgötter sind, sondern ganz normale Menschen. Von einer einzigen schlechten Erfahrung solltest du dich nicht auf »ewige Zeiten« beeindrucken lassen. Nimm einen neuen Anlauf – du wirst oft überrascht sein: Das bringt's!

7 Hits aus dem Fragestudio

1.

Hast du etwas nicht verstanden, frage nach. Denn dann ist deine Frage keine dumme Frage.

2.

Fragen stellen ist kein Zeichen von Dummheit, sondern zeigt Interesse und Mut:
Wer fragt, denkt mit!

3.

Bevor du fragst, überlege, was du wissen willst.

4.

Notiere dir zu Hause eine Frage, die du in der nächsten Unterrichtsstunde stellen willst. (Dann stelle sie auch.)

5.

Lass dich vom Lachen oder Grinsen einiger »Alleskönner« nicht beirren. Sie sind selbst unsicher und oft die »Blöderen«. Einige Mitschüler sind bestimmt froh, dass du gerade diese Frage gestellt hast.

6.

Was die Lehrer angeht: Lass dich nicht entmutigen! Die meisten Lehrer sind für Fragen offen.

7.

Viele Fragen kannst du mit Hilfe von Duden, Lexikon, Notizzetteln, Hausheften oder Schulbüchern allein beantworten. Wer Fragen hat, muss suchen!

Das Rundumrätsel

Pfiffix schaut ratlos drein.

»Was soll ich denn damit«, meint er und macht ganz große Augen.»Das ist aber wirklich einfach, Pfiffix: Jedes Feld hat eine Nummer von eins bis sechzehn. Du sollst jetzt von der Mitte aus in jedes Feld ein bestimmtes Wort eintragen. Alle Wörter beginnen mit R und hören entweder mit ›N‹ oder ›E‹ auf (das siehst du im äußersten Kreis).«

»Nima Problema, voll kapiert«,

meint Pfiffix. »Nummer eins ist dann ›Rätsel lösen‹? Ja, ganz einfach, in das erste Feld trage ich das Wort ›raten‹ ein.« Ich habe es wieder rausradiert, denn der Pfiffix schreibt nicht immer sehr leserlich. Aber du kannst es gleich eintragen.

Lösung:
1. Raten, 2. Riese, 3. Ruhen, 4. Ruine,
5. Reden, 6. Rippe, 7. Ruten, 8. Regie,
9. Raben, 10. Reise, 11. Regen, 12. Rinde,
13. Roden, 14. Rente, 15. Rasen, 16. Rache.

Viel Spaß rundherum!

Denke an …

1. Rätsel lösen
2. einen sehr großen Menschen
3. Mittagsschläfchen
4. ein zerfallenes Bauwerk
5. Sprechen
6. Knochen des Brustkorbs
7. Knecht Ruprecht
8. Leitung bei Filmaufnahmen
9. Schwarze Vögel
10. Große Fahrt
11. Tropfen vom Himmel
12. Haut des Baumes
13. Wälder abholzen, um Ackerland zu gewinnen
14. Ruhegeld von Arbeitern
15. gepflegte Wiese
16. Vergeltung, jemandem etwas heimzahlen

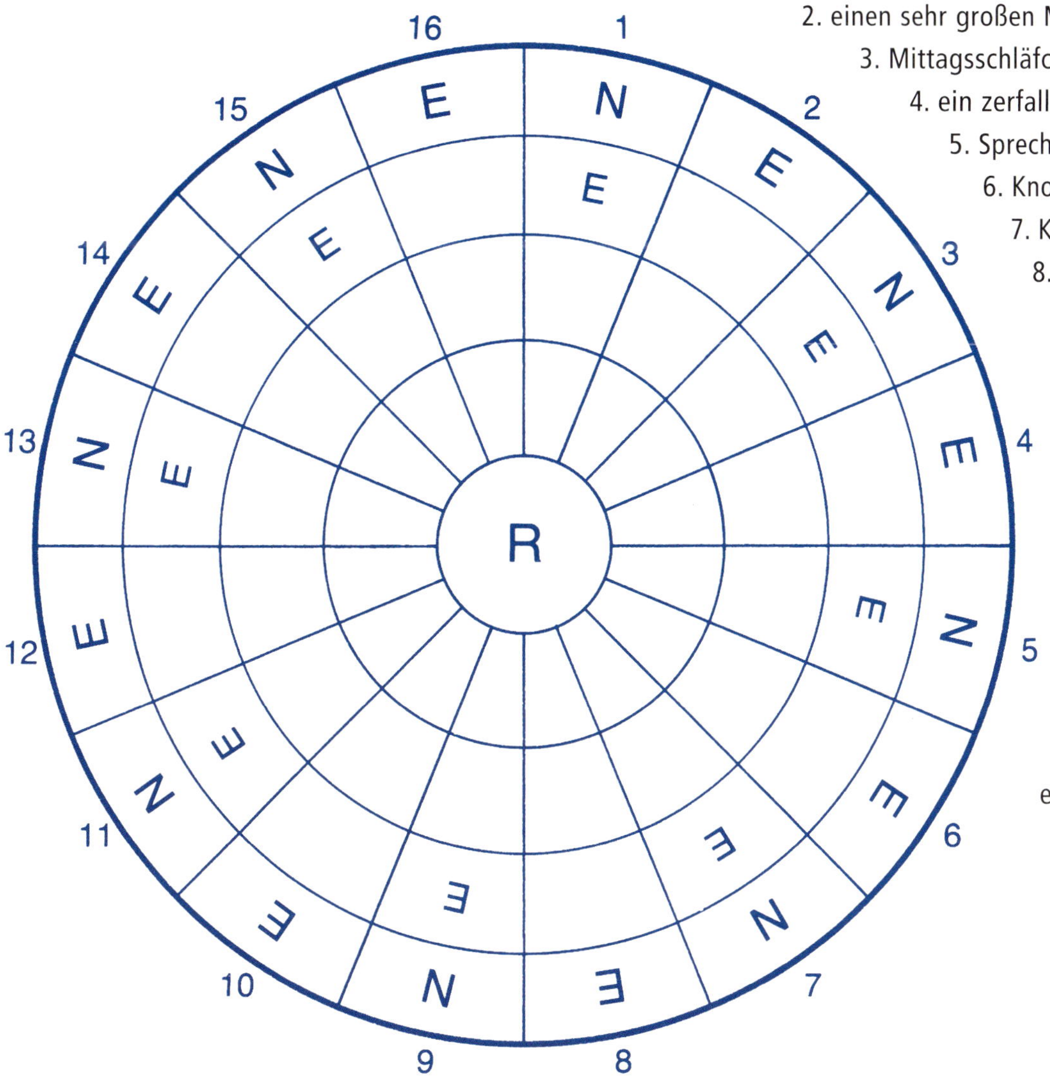

Ich weiß, dass ich gute Arbeit leisten kann.